RAFAEL AUGUSTO LINHARES PINTO

NOSSA SENHORA DE GUADALUPE E OS DOGMAS MARIANOS

A MARIOFANIA GUADALUPANA

COLEÇÃO ESCOLA DE MARIA
19

EDITORA
SANTUÁRIO

Dados Internacionais de Catalogação na Publicação (CIP) de acordo com ISBD

P659 Pinto, Rafael Augusto Linhares

Nossa Senhora de Guadalupe e os dogmas marianos: a mariofania guadalupana / Rafael Augusto Linhares Pinto. – Aparecida: Editora Santuário, 2023.
56 p.; 14cm x 21cm. – (Coleção Escola de Maria; v. 19)

ISBN 978-65-5527-379-3

1. Religião. 2. Cristianismo. 3. Mariologia. 4. Devoção. 5. Nossa Senhora de Guadalupe. I. Título. II. Série.

2023-3229 CDD 240
CDU 24

Elaborado por Vagner Rodolfo da Silva - CRB-8/9410

Índice para catálogo sistemático:
1. Religião: Cristianismo 240
2. Religião: Cristianismo 24

1ª impressão

Rua Pe. Claro Monteiro, 342 – 12570-045 – Aparecida-SP
Tel.: 12 3104-2000 – Televendas: 0800 - 0 16 00 04
www.editorasantuario.com.br
vendas@editorasantuario.com.br

APRESENTAÇÃO

Esta obra tem o objetivo de refletir sobre os elementos iconográficos da imagem de Nossa Senhora de Guadalupe, para a partir desses encontrar os quatro dogmas marianos (Maternidade Divina, Virgindade Perpétua, Imaculada Conceição e Assunção de Maria ao céu). Para isso será proposta uma reflexão sobre o significado da imagem *acheiropoieta* (não feita por mãos humanas), depois sobre o significado dos elementos iconográficos apresentados na imagem e, por fim, sobre cada dogma mariano, a partir dos símbolos iconográficos impressos na imagem. Esse desenvolvimento esquemático proporcionará um caminho de reflexão para que se chegue à resposta fundamental da questão apresentada aqui: *é possível encontrar os dogmas marianos na Imagem de Nossa Senhora de Guadalupe?* Assim, tendo em vista essa questão, poderá o leitor, a partir do texto e da pesquisa realizada, chegar a suas próprias conclusões.

INTRODUÇÃO

No decorrer da história do cristianismo houve muitos relatos da intervenção divina por intermédio da Virgem Maria. Essas intervenções são comumente chamadas de *aparições* pelo povo de Deus, mas também algumas são nominadas de *revelações particulares* ou *privadas* e outras são de caráter público. Dentre todas essas manifestações ou intervenções miraculosas, todas elas, reconhecidas pela Igreja, perante uma rigorosa investigação e estudo dos fatos, são nominadas de *mariofanias*, isto é, *manifestação de Maria*. Essas manifestações não acontecem de forma isolada, mas são concessões de Deus, que permite que a Virgem Maria se manifeste a seu povo, para que esse mesmo povo possa, por meio daquela que é a Mãe da Igreja, retornar ao caminho da salvação ou à prática original da verdadeira Fé.

Dentre todas as mariofanias reconhecidas pela Igreja, a de Guadalupe se mostra a mais impressionante, não só pela mensagem, mas também pela própria imagem, que foi deixada de forma miraculosa no manto de Juan Diego, e pelo conteúdo teológico, que foi deixado na própria imagem. A mariofania de Guadalupe não é uma simples revelação privada, uma vez que ela aparece não só a Juan Diego, mas a seu tio Bernardino; e além de aparecer a eles, torna-se uma revelação pública, devido à imagem impressa, como prova da veracidade da aparição da Virgem Maria àquele simples índio.

Este texto tem como objetivo refletir não sobre a historicidade ou a mensagem transmitida a Juan Diego, mas sim sobre o conteúdo teológico da imagem da Virgem de Guadalupe, que traz em si uma gama de elementos iconográficos cristãos e astecas, que anunciam de forma simbólica um conteúdo teológico de inestimável importância.

A Imagem da Vigem de Guadalupe possui uma particularidade, pois é a única, até então conhecida, que está dentro do conceito de imagem *Acheiropoieta*, que significa: *não feita por mãos humanas*. Dentre estas imagens acheiropoieta, todas as outras são de Jesus Cristo (Sudário de Turim, Véu de Verônica, Véu de Manopello, Volto de Luka e a Urônica); a única exceção é a da Virgem de Guadalupe.

Tendo em vista a importância histórica, espiritual e teológica dessa imagem e sua forma de composição, que é divina e até então inexplicável pela ciência, é preciso reconhecê-la não como uma obra de arte, que de fato é, mas principalmente como uma mensagem viva, que traz em si um conteúdo divino, que necessita ser decifrado. Por isso este trabalho se detém em refletir sobre os elementos iconográficos da imagem, tendo em vista principalmente os elementos simbólicos que remetem aos quatro dogmas marianos: *Maternidade Divina, Virgindade Perpétua, Assunção aos Céus* e *Imaculada Conceição.*

Assim este livro busca responder à seguinte pergunta: *é possível encontrar os dogmas Marianos na imagem de Nossa Senhora de Guadalupe?* Essa pergunta fundamental é o fio condutor da pesquisa, que, a partir da Sagrada Escritura e dos elementos simbólicos mariológicos, busca trazer uma interpretação plausível e consistente dos elementos iconográficos tendo em vista os dogmas marianos. Uma vez que a Imagem foi produzida de forma divina e miraculosa, ela possui em certo sentido, um vínculo profundo com a Sagrada Escritura, que dela retira seu significado essencial e seu cânone simbólico. E para esta reflexão, poderá ser contemplado nos capítulos seguintes três pontos de reflexão: 1. A Imagem Acheiropoieta; 2. Os Elementos Iconográficos e Símbolos Dogmáticos; e 3. A Mariofania Dogmática de Guadalupe. Esses três pontos possibilitarão um caminho de reflexão e de resposta da questão fundamental deste livro, mostrando que a Imagem da

Virgem de Guadalupe não é só um objeto de devoção, mas também, e principalmente, um objeto de reflexão teológica, pois ela é um grande e profundo compêndio de mariologia.

I

A IMAGEM ACHEIROPOIETA

O termo *acheiropoieta* (aceiropoihta) é de origem grega, composta pelo prefixo: a=*privado*, seguidos dos dois termos: ceiro=*mão* + poiein=*fazer, produzir*; que significam: *não feito por mão (humana)*. Essas imagens acheiropoietas são raras, e, das poucas reconhecidas pela Igreja, a da Virgem de Guadalupe é a única de Maria, pois todas as outras são de Jesus Cristo. Essas imagens, por terem uma origem miraculosa, possuem uma importância muito grande para a história e para a Tradição da Igreja, que manifesta o teor divino dessas manifestações imagéticas.

As imagens acheiropoietas, por serem de origem divina, possuem uma gama de elementos simbólicos que manifestam a verdade de Deus. Por isso elas precisam ser estudadas tendo em vista algumas realidades essenciais, a primeira é o *fenômeno* em si, a segunda é o *valor teológico*, e a terceira realidade essencial é a *importância desta imagem*.

1.1. Fenômeno

O fenômeno das imagens acheiropoietas está vinculado à teofania, ou seja, a manifestação do próprio Deus, que se dá a conhecer e revela seus mistérios. Esse fenômeno das imagens acheiropoietas possui uma grande relevância na história da Igreja, pois elas manifestam a verdade do próprio Deus, que, por meios miraculosos, deixa seus sinais visíveis, comunicando-se por meio de símbolos que expressam uma mensagem particular ou universal.

Deus se manifesta sempre para se comunicar com os seres humanos; a *encarnação* do *Verbo*[1] é uma manifestação do desejo do Pai do Céu de se comunicar com a humanidade, para reconduzi-la ao verdadeiro caminho, por isso o Filho de Deus se apresenta como o *"caminho, a verdade e a vida"*[2]. Por isso que o fenômeno das imagens acheiropoietas é importante, pois sendo imagens produzidas pelo próprio Deus, elas possuem um grau de revelação considerável, sendo, não só objeto de estudo cientifíco, mas também teológico, pois se é Deus seu próprio autor, encontra-se nessas imagens mensagens da própria revelação, uma vez que o divino autor não pode se contradizer, pelo contrário, ele confirma por esses fenômenos miraculosos sua própria obra. Por isso que a Igreja, sabiamente, discerne sobre esses fenômenos tendo em vista a consonância com a Sagrada Escritura e a Tradição, que são como elementos de purificação e discernimento sobre os fenômenos miraculosos.

Desta forma, o fenômeno das imagens acheiropoietas, dentro da experiência de Fé da Igreja, possui uma relevância essencial, pois elas são manifestações do próprio Deus, que confirma e renova a fé de seu povo, manifestando sua presença que o acompanha rumo à glória eterna.

1.2. Valor

A imagem acheiropoieta possui um valor inestimável, pois sendo de origem divina, tendo o próprio Deus como autor, ela tem um valor eterno. Ela é valorosa não simplesmente por sua beleza, mas principalmente por seu conteúdo informativo e formativo. Sendo de origem divina, a imagem acheiropoieta possui um valor de revelação, pois ela traz em si, por meio de imagens, elementos simbólicos vinculados à Sagrada Escritura, e é essa consonância que enriquece a imagem e a eleva a um grau de importância dentro da reflexão devocional e teológica.

O valor dessas imagens não está na beleza das formas, mas sim no conteúdo simbólico, que assume, por sua origem divina, o valor dogmático, que resguarda e confirma a verdade de Fé.

As imagens acheiropoietas não podem ser comparadas às outras, que foram feitas pelas mãos humanas, pois as que foram compostas pelos homens partem de um protótipo, mesmo seja a Sagrada Escritura, e as acheiropoietas são manifestações do próprio protótipo. Isso faz com que essas imagens não sejam uma *"imagem de santo"*, mas sim uma *"santa imagem"*.

Portanto, dentro dessa reflexão sobre a imagem acheiropoieta, é preciso reconhecer seu valor divino, pois sendo de autoria divina, a própria imagem é reflexo de seu autor; assim, elas não só são objeto de devoção, mas também de estudo teológico.

1.3. Importância

Dentro da reflexão sobre as imagens acheiropoietas, é essencial ressaltar a importância delas para a experiência de Fé do povo de Deus, exercendo uma função de confirmar a convicção da Igreja sobre as verdades de Fé. Por isso que a imagem acheiropoieta possui uma importância relevante para a história da Igreja e também para a teologia, pois essa que foi produzida por Deus traz do próprio autor sua mensagem, como um anúncio da verdade de fé.

A imagem acheiropoieta, diante da verdade de fé, é um sinal importante para a confirmação da convicção e do conhecimento transmitido pela Sagrada Escritura, a Tradição e do Magistério da Igreja.

Dessa forma, é preciso reconhecer a importância da imagem acheiropoieta por três motivos fundamentais: primeiro, pela origem divina; segundo, por sua influência na experiência de fé da Igreja; e terceiro, pelo conteúdo devocional, espiritual e teológico. São essas importâncias fundamentais que motivam a pesquisa científica e teológica dessas imagens, pois elas trazem um conteúdo imagético com o valor de revelação.

1.4. A Acheiropoieta de Guadalupe

Como objeto deste trabalho, é essencial refletir sobre a imagem acheiropoieta da Virgem de Guadalupe, que traz um fenômeno histórico de valor divino e de uma importância devocional, espiritual e teológica.

O fenômeno ocorreu em 1531 e é relatado no texto de Antônio Valeriano, chamado *Nican Mopohua*. A Virgem Maria apareceu por algumas vezes ao índio Juan Diego pedindo que ele fosse ao bispo Juan de Zumárraga e dissesse que ela desejava que se construísse um *templo*[3] naquele lugar. Como o bispo prudentemente não levou a sério de imediato, pediu um sinal a Juan Diego. A Virgem Maria escutando de Juan Diego o desejo do bispo, mandou-lhe recolher em seu poncho as rosas de castilha que ela fez florescer, fora do tempo, no topo do monte Tepeiac. A Virgem disse ao índio que só abrisse o poncho diante do bispo e que aquelas rosas seriam o sinal que ele pedia. Chegando diante do bispo, quando Juan Diego abriu seu poncho, apareceu a imagem daquela que ele viu com seus próprios olhos. A imagem apareceu de forma miraculosa impressa no poncho de Juan Diego, e este fenômeno se tornou a maior *mariofania* de todos os tempos, por seu efeito de conversões e seu significado espiritual e teológico.

Tendo em vista o aspecto teológico, a imagem acheiropoieta da Virgem de Guadalupe possui um conteúdo simbólico rico em elementos teológicos, elementos esses que possuem seu significado na Sagrada Escritura. Por isso que a imagem da Virgem de Guadalupe pode ser considerada um compêndio de mariologia, primeiro porque é uma imagem produzida de forma divina e, depois, porque ela expressa o mistério da Santa Mãe de Deus, em consonância com o texto sagrado.

A primeira consonância da Imagem com a Sagrada Escritura encontra-se de forma explícita no conteúdo total da imagem, que remete a uma referência ao livro do Apocalipse: *"Então apareceu no céu um grande sinal: uma mulher vestida com o sol, tendo a lua debaixo dos pés e, sobre a cabeça, uma coroa de doze estrelas. Estava grávida e gritava em dores de parto, atormentada para dar à luz"*.[4] Esses primeiros elementos simbólicos possibilitam a identificação da figura da imagem com a Virgem Maria. E inseridos no conteúdo total da imagem estão também muitos outros elementos simbólicos, que serão tratados nos próximos capítulos, em que será refletida principalmente a relação dos símbolos iconográficos com os quatro dogmas marianos declarados pela Igreja como verdades de fé.

Assim, é preciso reconhecer que a imagem acheiropoieta da Virgem de Guadalupe é não só um objeto de devoção, mas principalmente de estudo mariológico, em que se podem encontrar de forma simbólica muitos dados teológicos e dogmáticos vinculados à Mãe de Deus.

2

A RESSIGNIFICAÇÃO E OS ELEMENTOS ICONOGRÁFICOS

A mariofania de Guadalupe acontece *dez anos depois da tomada da cidade do México*[5], quando já havia se estabelecido a paz entre espanhóis e os nativos. Diante dessa realidade de paz local, ainda era preciso que houvesse uma iniciativa de unidade entre os dois povos, e essa iniciativa veio do Céu, por meio da aparição da Virgem Maria, pois ela foi a ponte entre as duas culturas e as duas religiões.

Maria se manifesta como uma resposta de diálogo inter-religioso, pois sem abolir ou condenar a cultura religiosa nativa, ela chega para ressignificar e "regar" a semente do verbo existente no mais profundo do ser humano, que busca sentido e plenitude de seu próprio ser. Por isso, que ao contemplar a imagem da Virgem Maria impressa no poncho de Juan Diego, os nativos reconhecem uma mulher que é próxima deles, ela era alguém que fazia parte de sua cultura e trazia símbolos que representavam a crença de sua mitologia e religião.

2.1. A religião asteca

Como todos os povos antigos, o povo asteca não era diferente, sua religião era baseada na natureza e possuía também uma mitologia vinculada à astronomia. O calendário asteca era muito rebuscado e desenvolvido para a época, era fruto de uma ciência observacional, tendo como base os ciclos solares e lunares.

Os astecas possuíam uma religião politeísta; um dos deuses mais cultuados era o Huitzilopochtli[6] (deus da guerra), que tinha como representação o sol. Eles viviam em constantes guerras entre tribos, guerras, essas que eram motivadas pelo desejo de expansão e para a aquisição de prisioneiros de guerra, que eram oferecidos em sacrifícios diários no templo, pois muitos de seus rituais eram baseados em sacrifícios humanos. Outras divindades importantes eram: Tláloc (deus da chuva), por causa da fertilidade do solo; Tlazolteotl (deusa devoradora das imundícies), que consumia os pecados da humanidade; Chalchihuitlicue, deusa das águas do lago. Eles cultuavam um deus que era definido simplesmente como: *"aquele por quem se vive"*, esse era uma espécie de deus invisível, sem face, e seu templo era somente uma torre. Também cultuavam o sol, a lua e as estrelas como deuses: *"Ofereciam também sacrifícios à lua e às estrelas para que elas tivessem força para combater o sol e assim houvesse o equilíbrio necessário para que a vida continuasse".*[7]

Havia uma outra deusa importante para os astecas, que era chamada de *Tonantzin-Totathzin* (Mãe do Cosmo)[8]. Para eles era uma espécie de mãe do criador, e é essa deusa que eles reconheceram na imagem da Virgem Maria de Guadalupe, pois a imagem traz muitos elementos simbólicos que remetem à criação, como os raios de sol, a lua e as estrelas do manto; além de seu aspecto indígena e vestes com cores simbólicas para aquela cultura, a imagem traz na altura de seu ventre uma pequena flor de quatro pétalas, chamada *Nahui Ollin,* que representa o quinto sol, no calendário asteca, e a pessoa do deus supremo. Esses sinais ajudaram que os astecas reconhecessem naquela imagem da Virgem Maria alguém que era próximo deles, tanto no âmbito religioso quanto cultural.

Portanto a imagem da Virgem de Guadalupe, para os astecas, era um códex religioso, que remetia a suas próprias crenças. Isso abre uma porta para a ressignificação da compreensão cultural e religiosa daquele povo.

2.2. Obra de ressignificação

A mariofania de Guadalupe traz consigo um movimento miraculoso de conversões, e este movimento não se dá por meio de uma obrigação colonial, mas sim por meio de uma intervenção divina. Aquele povo, com sua cultura e religião, encontrou na imagem da Virgem Maria alguém que representava sua própria cultura e sua religião, não para condená-la, mas sim para iluminá-la e purificá-la de toda injustiça.

Por meio da concepção de religião natural, em que se cultuavam deuses que eram vinculados à natureza, a mariofania de Guadalupe vem iluminar essa concepção de cosmo dos astecas, isto é, não vem negar nem condenar, mas sim dar o verdadeiro sentido àquele conhecimento alcançado pelo anseio de plenitude da alma humana, unido à contemplação da realidade a sua volta.

Por isso que quando os astecas contemplam a imagem da Virgem Maria e veem aquela mulher que está à frente do sol, sobre a lua e com as estrelas em seu manto, eles compreendem que ela representa alguém importante, que está acima de seus próprios deuses. E, desta forma, eles a reconhecem como a mãe do cosmo, isto é, a mãe do Criador, que era chamada por eles de *Tonantzin-Totathzin*.

Com isso, a mariofania de Guadalupe se mostra como uma pedagogia divina de recondução da humanidade ao verdadeiro caminho de plenitude, em que o próprio Deus, em sua providência, promove e permite a aparição de Maria no momento certo, para ressignificar aquela cultura e religião, para fazer aquele povo tornar ao caminho do paraíso. Por isso que o cristianismo, que possui sua convicção e fé em Jesus, verdadeiro Deus e verdadeiro homem, possui a consciência da missão fundamental de Cristo, que não veio para condenar, mas para salvar o mundo: *"De fato, Deus amou tanto o mundo, que deu seu Filho único para que todo o que nele crer não pereça, mas tenha a vida eterna. Pois Deus enviou seu Filho ao mundo, não para condenar o mundo, mas para que o mundo seja salvo por ele".*[9] Assim, também, Maria, como primeira discípula de Cristo e membro singular do Corpo Místico de Cristo, vem dar continuidade a sua missão, sendo instrumento de salvação do mundo, de ressignificação e recondução da humanidade à verdade e plenitude de seu ser.

2.3. Elementos iconográficos

Os elementos iconográficos da imagem da Virgem de Guadalupe são inúmeros, e, por sua vez, possuem significado tanto para a cultura e religião cristã, quanto para a cultura e religião asteca.

Dentro da cultura e religião cristã, a mariofania de Guadalupe traz muitos sinais, tanto vinculados ao fato em si, quanto na própria imagem, que é um códex iconográfico teológico. Durante muito tempo, a imagem da Virgem de Guadalupe permaneceu como um grande mistério, pois o material do tecido, que se deterioraria em cinquenta anos, permanecia intacto, como permanece até hoje; também as circunstâncias e o fato em si não são algo isolado a um vidente, mas é uma aparição que envolveu algumas testemunhas, como o tio de Juan Diego, chamado Juan Bernardino, e também o bispo Juan Zumárraga, que pede o sinal de comprovação a Juan Diego. Além desses sinais importantes do fato em si, a imagem possui muitos elementos iconográficos que trazem mensagens. Nos últimos séculos, a própria imagem foi alvo de estudos, nos quais foram encontrados ainda algumas outras particularidades, como a forma de impressão, que é considerada misteriosa e miraculosa, pois não há marcas de pincel e os pigmentos não são conhecidos[10]; foi encontrada nos olhos da Virgem de Guadalupe a imagem de 10 pessoas que estavam inseridas no fato[11]; e também foi descoberto que as estrelas do manto da Virgem estão na mesma posição que elas estavam no céu no dia da aparição[12].

A imagem da Virgem de Guadalupe é um verdadeiro código iconográfico teológico, que responde aos anseios das duas culturas religiosas que conviviam juntas; assim a mariofania de Guadalupe se torna uma verdadeira obra de comunhão e unidade, sendo um vínculo materno entre os dois povos. A Virgem Maria se apresenta como mãe, não só dos cristãos, mas da humanidade inteira, pois aquela que se manifesta pelo poder de Deus é aquela que vem corresponder ao anseio de todos os povos de uma segurança materna, pois todo ser humano necessita do amor de mãe, e a Virgem Maria se manifesta aos povos, para corresponder a este anseio natural de todo ser humano. Por isso é muito comum se encontrar em todos os povos uma espécie de *deusa mãe*[13], como na cultura asteca, em que havia o culto à deusa mãe, chamada *Tonantzin-Totathzin*.

Para que uma imagem ou uma aparição possa corresponder a um anseio de um povo, é necessário que essa manifestação porte elementos significativos, ou seja, elementos que tragam uma linguagem própria para tal povo, uma mensagem que dialogue com aquela cultura religiosa.

> Para um "nahuatlato", tradutor esmerado de Nican Mopohua, toda imagem de Nossa Senhora de Guadalupe seria também um código, ou seja, uma representação pictográfica que faria lembrar aos indígenas, acostumados a estas leituras de símbolos, todos os momentos maravilhosos da aparição conservada pela tradição no Nican Mopohua.[14]

A mariofania de Guadalupe traz consigo uma linguagem perfeita, capaz de se comunicar com as duas culturas. A seguir, pode-se ver a imagem acheiropoieta de Guadalupe e uma tabela com uma comparação entre alguns elementos iconográficos da Imagem, em seu significado asteca[15] e cristão[16]:

Figura 1: Imagem acheiropoieta da Virgem de Guadalupe

Elementos Iconográficos	Tonantzin-Totathzin (Mãe do Cosmos)	Virgem Maria
Rosto Mestiço	Algumas feições indígenas do povo asteca.	Algumas feições características do povo europeu.
Cabelo solto	O cabelo solto representa que ela é uma donzela, uma jovem que ainda não foi desposada, é um sinal também da Virgindade.	O cabelo solto representa que ela é uma donzela, uma jovem que ainda não foi desposada, é um sinal também da Virgindade.
Raios do Sol	**Huitzilopochtli:** considerado deus da guerra e vinculado ao sol. O sol para os astecas possuía uma importância astronômica, para a regulação de seu calendário, assim, era considerado o deus da harmonia do cosmos.	Símbolo cristológico, representando a Luz do Mundo: Jo 8,12; Sol da Justiça: Ml 3,20; Ap 12,1.
Lua	**Coyolxauhqui:** é a deusa símbolo da lua. **Coatlicue:** deusa mãe de todos os deuses, da lua e das estrelas. Às vezes esta divindade é vinculada à Tonantzin Totathzin. **Metzi:** era a deusa lua, uma figura feminina em contraponto com o sol (figura masculina). A lua também tinha uma importância para o calendário asteca, para a contagem do tempo. A Lua Nova, representada na imagem, simboliza o início do ciclo lunar, o início da contagem do tempo.	Figura mariológica, que representa aquela que não tem luz própria, mas reflete a luz do sol, que é Cristo. A lua representa a contagem do tempo, e vem representada na cena de Ap 12,1. Para a concepção cristã, a Lua Nova representa o início do mês, imagem vinculada à Páscoa, a lua nova é o primeiro dia de preparação para a páscoa dos judeus, que acontecerá 14º dia, na Lua Cheia: Êx 12,1-14. Desta forma, a Lua Nova anuncia a libertação e a salvação em Cristo.

Nuvens	**Tlaloc:** deus da chuva, dos raios, relâmpagos e do trovão. Vinculado também ao 3º Sol e considerado um dos senhores do paraíso.	As nuvens que estão no entorno de toda a imagem representam a manifestação de Deus através do Espírito Santo e da intimidade divina, como pode se ver em Êx 33,9-11 e também na anunciação do Anjo a Maria, em que o Anjo Gabriel fala sobre a sombra do altíssimo: Lc 1,35. A nuvem representa o meio de trazer algo de Céu à terra: Ap 1,7; Mt 24,30.
Túnica Rósea	**Xipe-Totec:** considerado o deus da vegetação, da terra e da primavera. A túnica não é uma veste típica dos astecas, mas a cor rósea assemelha-se ao marrom claro, cor da terra, que simbolicamente representa a divindade Xipe-Totec, que está vinculada à terra, vegetação e à primavera, por isso na túnica está impressa em forma de arabescos vegetação própria daquele lugar.	A cor rósea da túnica pode representar realeza, mas também a humanidade de Maria, pois o róseo é uma variante do vermelho. A imagem da Virgem de Guadalupe traz os padrões iconográficos ocidentais: túnica vermelha e manto azul; diferente da cultura oriental: túnica azul e manto vermelho.
Brocado da Túnica	**Xipe-Totec:** considerado o deus da fertilidade, da vegetação e da primavera. **Chicomecóatl:** Em nauatle significa 'sete-serpentes' ou 'sete espigas', deusa vinculada à subsistência, ao milho, à vegetação e fertilidade. Na imagem estão desenhadas 8 espigas (5 na parte inferior da túnica, 2 nas mangas, e 1 na parte superior), que poderia manifestar que esta mulher está acima da divindade asteca. **Xochipilli:** é o deus da música, do amor, da arte, dos jogos, da beleza, da dança e da juventude. Seu nome em nauatl: Xochi = flor + Pilli=Príncipe; isto é Príncipe das Flores.	Na cultura e religiosidade cristã, o tecido brocado é um sinal de dignidade, honra e realeza. A túnica brocada pode representar também o múnus sacerdotal, como é expresso Êx 28,1-5. No caso da Virgem Maria, o múnus sacerdotal não é ministerial, mas sim o sacerdócio comum dos fiéis, que é um símbolo da união e intimidade divina.

Manto Azul Turquesa	**Tezcatlipoca:** considerado um dos três grande deuses da mitologia asteca, ele é o deus do céu noturno, da lua e das estrelas, senhor do fogo e da morte. É considerado criador do mundo e vigilante das consciências.	A cor azul turquesa para os astecas era uma cor da realeza, expressando a dignidade real. A cor azul do manto na iconografia cristã representa a graça divina, ou seja, aquela que foi coberta pela graça divina, símbolo da plenitude de graça. Lc 1,28.
Estrelas	**Tzitzimime:** deusa vinculada às estrelas. **Tezcatlipoca:** (vide acima).	Para a iconografia cristã as estrelas possuem muitos significados: 1- Anjos: Ap 12,4; Is 14,12; Lc 10,18. 2- Direção: As estrelas servem para guiar como um mapa, que mostra o caminho. Mt 2,1-12. 3- Marcar o tempo: Gn 1,14-19. No caso da Imagem de Guadalupe, as estrelas possuem 8 pontas, que é uma menção ao oitavo dia, o dia da ressurreição. Jo 20,26.
Posição dos pés e o Sapato	A posição dos pés da Virgem Maria representa um movimento que se remete ao culto divino, ou seja, ela está em oração ritual.	Os sapatos na iconografia cristã representam a liberdade. Lc 15,22. Andar descalço na antiguidade é um sinal de escravidão. Uma coisa interessante é que na iconografia, quando se representa o Calvário (Jo 19,25), geralmente a cena é vinculada à passagem da sarça ardente (Êx 3,1-6), e geralmente todos são representados descalços, menos a Virgem Maria, pois ela é a única que é digna de estar calçada diante do Senhor, isto é, ela possui a plenitude de liberdade para fazer a vontade de Deus.

Fita na altura do ventre	Sinal de gravidez e de que está para dar à luz. Assim, para os astecas, aquela fita estava vinculada à flor de quatro pétalas que está abaixo dela, significando que aquela mulher estava grávida do próprio Deus (5º sol)	Na maioria das culturas antigas, quando uma mulher estava nas últimas semanas de gravidez, colocava-se uma fita na altura do ventre, para auxiliar o ajuste da criança para a mulher dar á luz. Ap 12,2. Mas, na cultura e religiosidade judaico-cristã, a fira ou um cinto que cinge os rins possui dois significados: 1- Serviço e Prontidão: Lc 12,35-38; Ex 12,11. 2- Domínio das Paixões: Ef 6,14a; Is 11,5.
Manto Azul Turquesa	**Tezcatlipoca:** considerado um dos três grande deuses da mitologia asteca, ele é o deus do céu noturno, da lua e das estrelas, senhor do fogo e da morte. É considerado criador do mundo e vigilante das consciências.	A cor azul turquesa, para os astecas, era uma cor da realeza, expressando a dignidade real. A cor azul do manto, na iconografia cristã, representa a graça divina, ou seja, aquela que foi coberta pela graça divina, símbolo da plenitude de graça. Lc 1,28.
Flor de quatro pétalas	**Tonatiuh:** deus sol, vinculado, principalmente, ao 5º Sol. **Nahui Ollin:** Flor de quatro pétalas que representa o deus Tonatiuh, o 5º sol. Em todo o manto da Virgem de Guadalupe, há uma única flor de quatro pétalas, e isso para os astecas tem um grande significado, pois se esta mulher está grávida, ela está para dar à luz ao próprio Deus, pois a flor está na altura do ventre.	A flor ou as flores possuem um simbolismo pascal, pois remetem à primavera, a estação que marca a páscoa do hemisfério norte. A flor de quatro pétalas pode ter um sentido pelo número quatro, que possui uma simbologia que remete aos quatro pontos cardeais, à totalidade e também o atributo divino da onipresença.

Broche com a cruz	Para os astecas, era comum colocar um colar com uma pedra preciosa ou semipreciosa no pescoço de seus ídolos, representando seu próprio coração. Assim, os astecas entenderam que o coração daquele que representa a cruz está dedicado àquela mulher, que eles reconheciam como a Mãe do Cosmo.	Para a iconografia cristã, esse broche com a cruz no pescoço tem um significado cristológico e pneumatológico, uma vez que o pescoço é o lugar que entra e sai o ar, o sopro de vida, e é o lugar donde se forma a fala. Assim, faz lembrar a pregação da cruz e a profissão de Fé exortada por São Paulo: ICor 1,18-31; ICor 12,3.
Mãos postas	As mãos postas não eram uma expressão própria da forma de oração asteca, uma vez que as orações eram feitas por meio dos rituais de danças.	As mãos postas remetem à atitude de oração.
Anjo	O anjo, que está na parte inferior da imagem, por mais que alguns especialistas digam que foi acrescentado, ele possui uma relação com a lenda asteca da construção da cidade de Tenochtitlán (1325 d.C), que diz que os astecas deveriam se situar no local em que eles vissem uma águia sobre um cacto devorando uma serpente, e essa foi vista no meio do lago Texcoco. Assim, aquele anjo com asas de águia e feições indígenas, que apresenta aque a mulher, reconhecida como a deusa Tonantzin Totachzin, com os sinais de suas divindades, e está grávida do deus sol (5º sol), para os astecas representava o início de um novo tempo, de uma nova cidade sagrada.	Para a cultura cristã, o Anjo tem uma significação importante, pois eles são os mensageiros da obra divina, são aqueles que trazem os anúncios de Deus a terra, e contribuem para a salvação dos homens, como pode-se ver em muitas passagens da Sagrada Escritura: Lc 1,11-20; Lc 1,26-37; Lc 2,9-12; Lc 24,4-7; Mt 1,20; Mt 2,13; Mt 28,2-7; Is 6,1-7. Um outro símbolo significativo na figura do anjo são as cores das asas: verde, branco e vermelho; que dentro da iconografia cristã representam as virtudes teologais (ICor 13,13) da Esperança (verde), Fé (branco) e Caridade (vermelho). Assim, esse anjo vem anunciar o nascimento do Salvador naquela cultura, a fé em Cristo, a esperança no Reino dos Céus e a caridade na correspondência ao amor de Deus e na transmissão do amor ao próximo.

Tabela 1: Comparação de significados iconográficos *Organizada pelo autor.*

Como pôde-se ver, a imagem da Virgem de Guadalupe para os astecas representa um códex simbólico, que traz muitos elementos iconográficos que remetem a seus próprios deuses, por isso eles reconhecem na imagem aquela que eles chamavam Tonantzin Totathzin (mãe do Cosmo) ou Coatlicue (mãe dos deuses). Na imagem da Virgem, há a menção às principais divindades astecas, por isso essa mariofania de Guadalupe se torna um divisor de águas naquela cultura e religião, uma vez que ela é uma mensagem bilíngue, falando aos astecas e aos cristãos, marcando o início de uma *nova era* para os dois povos, a construção da *nova cidade de Deus*.

Portanto, a mariofania de Guadalupe, que se revela a um indígena convertido ao cristianismo, torna-o um embaixador de uma mensagem a seus concidadãos, fazendo cumprir o mandato de Jesus Cristo: *"Ide, pois, fazer discípulos entre todas as nações, e batizai-os em nome do Pai, do Filho e do Espírito Santo. Ensinai-lhes a observar tudo o que vos tenho ordenado"*.[17] Assim, a mariofania de Guadalupe se manifesta como um grande e perfeito códex simbólico (cultural e teológico), que responde aos anseios profundos do astecas e cristãos, tornando-se um ponto de diálogo entre os dois povos, proporcionando o diálogo interreligioso, tendo em vista a purificação e passagem da crença para a vida de fé, ou seja, a passagem da idolatria ao culto do verdadeiro Deus.

2.4. Pintura divina ou humana

Muitos estudos científicos foram feitos na imagem, e alguns mostram que algumas partes da imagem foram acrescentadas, como, por exemplo, o anjo, as estrelas, brocados da túnica, a impressão de folhas de ouro nos raios de sol e de folhas de prata na lua. Muitos mistérios estão envoltos nessas partes que foram possivelmente acrescentadas, e a ciência continua a encontrar e revelar mistérios nestas partes, como, por exemplo, as estrelas que formam a posição das constelações, no céu no dia da aparição (12.12.1531).

Mesmo que essas partes citadas fossem acrescentadas, elas teriam sido feitas por quem? A resposta a essa pergunta também é um grande mistério. E como poderiam permitir que se mexesse na imagem, modificando aquilo que o próprio Deus permitiu que se imprimisse naquele poncho? Todas essas dúvidas ficam em suspenso, mas a ciência, no decorrer dos tempos, foi se encarregando de confirmar o fato miraculoso e também dar o significado dos elementos iconográficos da imagem.

Essas partes, que dizem os cientistas que foram acrescentadas na imagem, teriam de ser feitas por pessoas com um grande conhecimento da cultura asteca, pois os brocados da túnica possuem uma profunda relação simbólica com alguns deuses do panteão asteca. As estrelas deveriam ter sido feitas por um especialista em astronomia, para que depois de algum tempo pudesse dispor as constelações da maneira exata no manto da Virgem. Também o anjo deveria ter sido feito por alguém entendido do assunto, com o conhecimento iconográfico cristão e asteca, para fazer com a mesma imagem uma menção à *anunciação do anjo* e à lenda da águia asteca, que dá início à construção da cidade de Tenochtitlán.

Portanto, essas perguntas ficam em suspenso até hoje, mas o que se pode dizer sobre a imagem da Virgem de Guadalupe é que, mesmo que seja uma pintura divina e humana, ela é um perfeito códex mariológico, que une em si uma mensagem universal e dogmática.

3

A MARIOFANIA DOGMÁTICA DE GUADALUPE

Tendo em vista o estudo feito até agora nos capítulos anteriores, pode-se abrir a reflexão para uma possível mariologia dogmática impressa na imagem acheiropoieta da Virgem de Guadalupe. Mesmo que alguns elementos simbólicos tenham sido acrescentados à imagem, o significado integral da simbologia não pode ser desconsiderado, pois mesmo se alguns elementos simbólicos tenham sidos acrescentados por mãos humanas, essas seriam unicamente um testemunho vivo da consciência daquela época, de quem era aquela mulher impressa naquele poncho. Desta forma, esses elementos, possivelmente acrescentados, não seriam uma negação do fato miraculoso em torno da aparição da Virgem Maria, mas sim uma confirmação do reconhecimento da dignidade daquela que foi reconhecida como mãe por cristãos e astecas.

Por isso que os elementos iconográficos possibilitam a decodificação de uma mensagem anunciada por essa mariofania. E é isso que a partir de agora será proposto, uma reflexão dogmática por meio dos elementos iconográficos da imagem, para que, assim, possa-se fazer uma decodificação da mensagem dogmática da mariofania de Guadalupe.

Assim, a partir de agora, este livro deter-se-á sobre alguns elementos simbólicos, que, de forma singular ou integrados, podem expressar uma mariologia dogmática, e assim responder à pergunta fundamental deste livro: é possível encontrar os dogmas Marianos na imagem de Nossa Senhora de Guadalupe?

3.1. Maternidade Divina

O dogma da maternidade divina foi declarado em 431, no Concílio de Éfeso, anunciando a Virgem Maria como a *Mãe de Deus* e usando o termo grego qeotokov (Theotókos), que significa estritamente: *Geradora de Deus*. Nesse Concílio, buscou-se defender a unidade das duas naturezas (humana e divina) de Cristo. E assim afirma os padres conciliares:

> Com efeito, não nasceu, da Santa Virgem, um homem qualquer, sobre o qual depois desceria o Verbo, mas se diz que este, unido desde o útero materno, assumiu o nascimento carnal, apropriando-se o nascimento de sua própria carne. Por isso, eles (os santos Padres) não duvidaram chamar a

> santa Virgem de Theotókos (Deípara), não no sentido de que a natureza do verbo ou sua divindade tenham tido origem da Santa Virgem, mas no sentido de que o Verbo se diz nascido de Maria segundo a carne, por ter tomado dela o santo corpo dotado de alma racional ao qual também estava unido segundo a hipóstase.[18]

O Concílio de Éfeso declara a Virgem Maria como Mãe de Deus, porque em Jesus há uma unidade inseparável das naturezas humana e divina, e ele sendo verdadeiro Deus e verdadeiro homem em sua integridade e integralidade, e por serem inseparáveis essas duas naturezas, Maria não poderia ser mãe somente do Jesus homem, mas deveria ser também do Jesus Deus. Por isso a Santa Virgem deve ser também chamada Theotókos (Mãe de Deus ou Geradora de Deus).

Tendo em vista esse dogma da Maternidade Divina, a imagem acheiropoieta de Guadalupe possui alguns elementos iconográficos que remetem a essa verdade de fé.

Na imagem de Virgem de Guadalupe há dois elementos iconográficos que juntos manifestam a maternidade divina, sendo eles: *a Fita Negra em torno do ventre e a Flor de quatro pétalas (Nahui Ollin).*

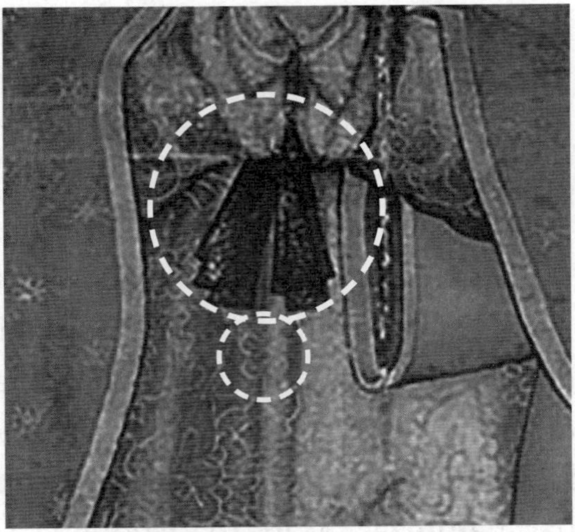

Figura 2: Fita negra e Flor Nahui Ollin

A *Fita Negra* em torno do ventre significa que aquela mulher está grávida, pois essa fita é comumente usada para ajudar nos últimos dias da gravidez, antes do parto, para que possa ajustar a posição da criança para nascer.

A *Flor de quatro pétalas,* que é chamada *Nahui Ollin*, para os astecas, é um símbolo que representa a divindade, e por essa flor estar na altura do ventre, entende-se que ela está grávida, gerando o próprio Deus.

Dessa forma, pode-se constatar que a imagem da Virgem de Guadalupe traz em seu códex simbólico o dogma da Maternidade divina.

3.2. Virgindade Perpétua

O dogma da Virgindade Perpétua foi declarado em 649, no Concílio de Latrão, para anunciar que Maria é virgem antes do parto, no parto e depois do parto, como expressam os Padres conciliares:

> Se alguém não professa, de acordo com os santos Padres, em sentido próprio e verdadeiro, Deípara a santa sempre virgem imaculada Maria, já que ela, em sentido próprio e verdadeiro, no fim dos séculos, sem sêmen, concebeu do Espírito Santo, e sem corrupção gerou aquele que foi gerado por Deus Pai antes de todos os séculos, Deus Verbo, permanecendo inviolada também depois do parto a sua virgindade, seja condenado.[19]

A imagem acheiropoieta de Guadalupe manifesta essa verdade de fé, por meio da concordância de três elementos simbólicos, que são os dois anteriores, já vistos na reflexão sobre a maternidade divina: a *fita negra,* em torno da cintura, e a *flor Nahui Ollin.* Esses elementos se unem ao símbolo iconográfico dos *cabelos soltos* da imagem, pois tanto na cultura judaica, quanto na cultura asteca, os cabelos soltos significam que aquela mulher ou menina é uma donzela, isto é, que ela é virgem.

Figura 3: Cabelo solto

Os cabelos soltos representam a virgindade. Assim, se aquela mulher da imagem é virgem, mas, ao mesmo tempo, está grávida, isso significa que ela é virgem antes do parto, pois aquela concepção foi obra de Deus, como o próprio anjo diz a José em sonho: *"Não tenhas receio de receber Maria, tua esposa; o que nela foi gerado vem do Espírito Santo"*[20], e também como relata o Nican Mopohua, em que Maria mesma diz a Juan Diego: *"E outra vez diz-lhe que eu em pessoa, a sempre Virgem Santa Maria, Mãe de Deus, te envia"*[21], e ela também manifesta a Juan Bernardino, como desejaria ser chamada:

> Confirmou-lhe o tio que era certo, que havia sarado naquele exato momento, e que a tinha visto exatamente da mesma forma em que aparecera a seu sobrinho, e que lhe tinha dito também que o enviara ao México para ver o Bispo, e que [Juan Bernardino], quando fosse vê-lo, lhe contasse absolutamente tudo, contasse o que tinha visto e a maravilhosa maneira pela qual Ela o tinha curado, e que sua amada imagem deveria ser chamada, ser nomeada exatamente assim: a Sempre Virgem Santa Maria de Guadalupe.[22]

Dessa forma, a imagem acheiropoieta de Guadalupe expressa o dogma da Virgindade Perpétua, pois o efeito da virgindade no parto e da conservação dela após o parto, tem seu fundamento na concepção virginal[23], pois uma vez que a obra é iniciada por Deus, ela também é conservada e plenificada por ele próprio.

3.3. Imaculada Conceição

O dogma da Imaculada Conceição foi declarado em 1854, pelo papa Pio IX, por meio da Bula *Ineffabilis Deus*, que transmite o ensinamento doutrinário de que a Virgem Maria foi preservada de toda mancha da culpa original, como pode-se ver a seguir.

> Para a honra da santa e indivisível Trindade, para adorno e ornamento da Virgem Deípara, para exaltação da fé católica e incremento da religião cristã, com a autoridade de Nosso Senhor Jesus Cristo, dos bem-aventurados apóstolos Pedro e Paulo e Nossa, declaramos, proclamamos e definimos: a doutrina que sustenta que a beatíssima Virgem Maria, no primeiro instante de sua conceição, por singular graça e privilé-

> gio do Deus onipotente, em vista dos méritos de Jesus Cristo, Salvador do gênero humano, foi preservada imune de toda mancha da culpa original, é revelada por Deus e por isso deve ser crida firme e constantemente por todos os fiéis.[24]

Tendo sido preservada da mancha do pecado original, nela há uma plenitude de graça, e é justamente isso que o anjo diz a Maria na Anunciação: *"Alegra-te, cheia de graça! O Senhor está contigo"*[25], e essas palavras mostram a essência da verdade dogmática, pois aquela que foi preservada da mancha do pecado original é aquela que possui, por vontade divina, a plenitude da graça, isto é, Maria é a Kecaritwmenh (Kecharitomene), a plena de graça, e isso significa que nela não há espaço para o pecado e a desordem. E essa plenitude de graça, na imagem acheiropoieta de Guadalupe, manifesta-se por meio de três elementos iconográficos: o *Sol*, o *Manto Azul* e as *Nuvens* em torno da Virgem Maria.

Figura 4: Sol, Manto azul e Nuvens

O *sol* é uma figura cristológica, pois Jesus é a *luz do mundo*[26], e a imagem da Virgem de Guadalupe faz recordar a perícope do livro do Apocalipse, que revela a imagem de uma *mulher revestida de sol*[27]. Nesse sentido, estar revestida de sol significa estar revestida de Cristo, isto é, em estado permanente de graça. Em Maria, é refletida a luz de Cristo, por isso, na imagem, o que aparece são os raios de sol, e ser reflexo de Cristo significa ser reflexo das virtudes do Filho de Deus. Esse estado permanente de graça só é possível porque, tendo sido ela preservada da mancha do pecado original, a luz de Cristo é refletida plenamente nela.

O *manto azul* possui na iconografia cristã o significado da graça divina, e assim quando a Virgem Maria vem revestida com o manto azul, quer dizer que ela está revestida da graça, e tendo sido revestida, teria sido pelo próprio Deus protegida e preservada da mancha do pecado original.

As *nuvens* em torno da Virgem Maria são um símbolo do Espírito Santo, como o anjo Gabriel que diz: *"O Espírito Santo descerá sobre ti, e o poder do Altíssimo te cobrirá com a sua sombra. Por isso, aquele que vai nascer será chamado santo, Filho de Deus"*[28]. A sombra do Altíssimo é a manifestação de Deus, como acontecia na antiga Tenda da Reunião[29]. Neste sentido, Maria é a nova tenda da reunião, o lugar onde Deus se manifesta em plenitude, onde o Verbo se fez carne[30].

Esses três elementos iconográficos referem-se a uma obra trinitária, em que antes mesmo de ter concebido o Filho de Deus, o Pai já a havia cumulado da graça divina, como o próprio mensageiro de Deus diz: *"Alegra-te, cheia de graça! O Senhor está contigo"*[31]; depois a Virgem Maria é apresentada como aquela que está envolvida pela *sombra do altíssimo*[32], que é o Espírito Santo; e, por fim, aquela que foi concebida pelo Espírito Santo, gera o Filho de Deus, aquele que é o *sol da justiça*[33] e a *luz do mundo*[34], torna-se o reflexo perfeito dessa mesma luz, pois em Maria se conserva a plenitude da *imagem e semelhança*[35] de Deus, do qual o ser humano foi criado, por isso nela se reflete perfeitamente a luz de Cristo, pois nela não há defeito, nem mancha, nem corrupção, nem desordem alguma; porque tendo sido preservada pelo próprio Criador, para gerar o Redentor, foi também conservada pelo Santificador.

Assim, por ter sido preservada do pecado original, em Maria se conserva a perfeita vontade do Pai, a perfeita imagem do Filho e a moção transbordante do Espírito Santo. A imagem acheiropoieta de Guadalupe, a partir desses elementos iconográficos, pode intuir e constatar a presença da obra divina, que toca de forma singular a natureza da Virgem Maria.

3.4. Assunção ao Céu

O dogma da Assunção de Maria ao céu de corpo e alma foi declarado em 1950, por meio da constituição apostólica *Munificentissimus Deus*. Esse dogma expressa a fé e a tradição antiga da igreja na elevação de Maria ao céu, verdade de fé esta que no oriente é celebrado como *Dormição da Virgem Maria*.

> Todos esses argumentos e essas razões dos santos Padres e teólogos apoiam-se, como em último fundamento, na Sagrada Escritura. Esta nos apresenta a Mãe de Deus em estreitíssima união com seu divino Filho, e sempre participante da sua sorte. Pelo que parece, quase impossível imaginar aquela que concebeu, deu à luz, alimentou com o seu leite, a Cristo, e o teve nos braços e apertou contra o peito, agora, depois da vida terrestre, separada dele, se não quanto à alma, ao menos quanto ao corpo.
> Sendo o nosso Redentor filho de Maria, como observador perfeitíssimo da divina lei, não podia deixar de honrar, além do Eterno Pai, também sua Mãe amantíssima. E podendo ele adorná-la com tamanha honra que a preservasse da corrupção do sepulcro, deve-se acreditar que realmente o fez.
> Convém, sobretudo, ter em vista que, já a partir do século II, os santos Padres apresentam a virgem Maria como nova Eva, sujeita sim, mas intimamente unida ao novo Adão na luta contra o inimigo infernal. E essa luta, como já se indicava no Protoevangelho (Gn 3,15), acabaria na vitória completa sobre o pecado e sobre a morte, que sempre se encontram unidas nos escritos do Apóstolo das gentes (cf. Rm 5 e 6; 1Cor 15,21-26; 54-57).
> Por isso, assim como a ressurreição gloriosa de Cristo constituiu parte essencial e último troféu desta vitória, assim também a vitória de Maria santíssima, comum com a do seu Filho, devia terminar pela "glorificação" do seu corpo virginal.

> Pois, como diz ainda o apóstolo, "quando este corpo mortal se revestir da imortalidade, então se cumprirá o que está escrito: a morte foi absorvida na vitória" (1Cor 15,14).
> Desse modo, a augustíssima Mãe de Deus, associada a Jesus Cristo de modo insondável desde toda a eternidade "com um único decreto" de predestinação, imaculada na sua concepção, na sua maternidade divina integralmente virgem, generosa companheira do divino Redentor que obteve triunfo completo sobre o pecado e suas consequências, alcançou, por fim, como suprema coroa dos seus privilégios, que fosse preservada da corrupção do sepulcro, e que, à semelhança do seu divino Filho, vencida a morte, fosse levada em corpo e alma ao céu, onde refulgisse como Rainha à direita do seu Filho, Rei imortal dos séculos (cf. 1Tm 1,17). (...) Por isso, para glória do Deus onipotente, que à virgem Maria prodigiou sua peculiar benevolência, para honra do seu Filho, Rei imortal dos séculos e vencedor do pecado e da morte, para incremento da glória da sua augusta mãe, e para gáudio e exultação de toda a Igreja, com a autoridade de Nosso Senhor Jesus Cristo, dos bem-aventurados Apóstolos Pedro e Paulo e a Nossa, proclamamos, declaramos e definimos ser dogma divinamente revelado que: a imaculada Deípara, sempre virgem Maria, completado o curso da vida terrestre, foi assumida em corpo e alma na glória celeste.
> Pelo que, se alguém – o que Deus não permita – ousar, voluntariamente, negar ou pôr em dúvida esta nossa definição, saiba que totalmente se apartou da fé divina e católica.[36]

O dogma expressa que Maria participa, em uma união singular e inseparável, dos mistérios da vida de Cristo, por isso que a Igreja manifesta que assim como ela participa dos mistérios temporais de seu filho (concepção, geração, nascimento, vida, apostolado, paixão, morte e ressurreição) singularmente deveria participar dos mistérios e méritos eternos de Cristo (redenção preservativa e participação da glória eterna). Maria foi assunta, e isso significa *assumida* plenamente (corpo e alma) em Deus no Céu, participando de forma antecipada da ressurreição final, pois aquela que é obra-prima do próprio Deus, e não tendo nada em si que a afaste dele, foi digna de ter sido assumida no seio da Trindade, pois fora em seio próprio que a Trindade iniciou a obra divina da redenção.

Neste sentido, a imagem da Virgem de Guadalupe é um perfeito códex iconográfico do dogma da Assunção, pois além de ser um retrato da passagem de Apocalipse que diz: *"Então apareceu no céu um grande sinal: uma mulher vestida com o sol, tendo a lua debaixo dos pés, e sobre a cabeça, uma coroa de doze estrelas. Estava grávida e gritava em dores de parto, atormentada para dar à luz"*[37], por isso que esta mesma passagem é usada na liturgia da solenidade da Assunção de Maria.

A imagem acheiropoieta de Guadalupe traz quatro elementos que remetem à assunção de Maria ao céu, que são: o Sol, a Lua, as Estrelas e as Nuvens. Esses elementos iconográficos possuem, além de um significado teológico, um significado cosmológico.

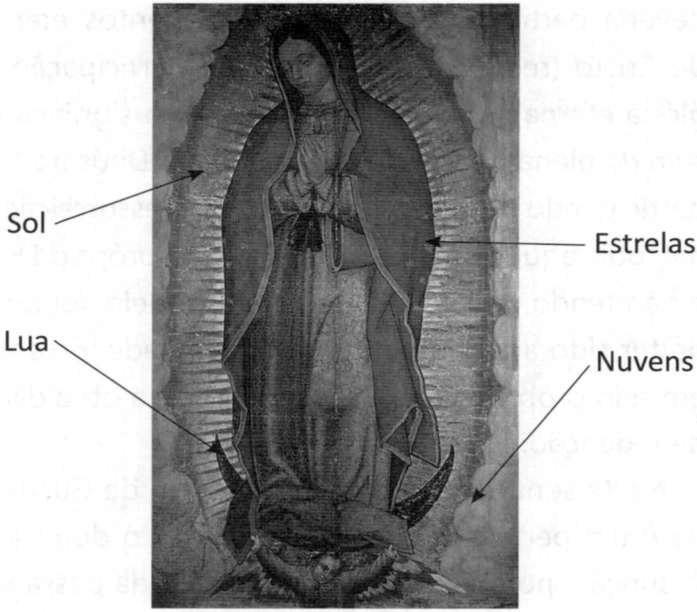

Figura 5: Sol, Lua, Estrelas e Nuvens

Em sentido cosmológico, esses elementos recordam o livro do Gênesis[38], da criação dos luzeiros do céu (sol, lua e estrelas), que servem para iluminar a terra, presidir o dia e a noite, separar a luz das trevas, e para servirem de sinais para marcar as festas, os dias do ano. Dessa forma, a Virgem Maria, na imagem de Guadalupe, é apresentada como aquela que está como um luzeiro no céu, um *grande sinal* para iluminar, guiar e anunciar as festas, ou seja, a celebração da vida (zoé), que é Cristo Jesus, pois ela marca o princípio da obra de redenção.

Em sentido teológico, os elementos iconográficos transmitem perfeitamente o sentido do dogma, que ensina que Maria foi *assumida* em Deus no Céu, pois o sol é um símbolo cristológico e as nuvens representam o Espírito Santo, e assim, na imagem da Virgem de Guadalupe, pode-se contemplar Maria *assumida em Deus*, isto é, revestida de sol (Cristo) e envolvida por nuvens (Espírito Santo). A lua, na antiguidade, era o principal instrumento de marcação do tempo, por isso que, quando se contempla Maria sob a lua, significa que ela está sob o tempo, isto é, participante da eternidade.

Também na imagem pode se ver o *manto estrelado*, que representa o céu, que manifesta consequentemente a realidade de ser assumida no Céu, pois ela está imersa no mistério eterno.

Dessa forma, por meio desses elementos iconográficos, pode-se visualizar e decodificar a verdade de fé dogmática, uma vez que a imagem da Virgem de Guadalupe é por si só um milagre de Deus, um mistério divino, feita pelo próprio autor da criação. E por ser de origem divina, ela se apresenta como um códex, que precisa ser decifrado, para que sua mensagem seja manifestada aos fiéis. Com isso, a consonância e integração dos elementos simbólicos possibilitam que a mensagem divina seja expressa e, principalmente, a verdade de fé seja conhecida. Por isso, também, a imagem acheiropoieta de Guadalupe é um *grande sinal*, um patrimônio para a humanidade, uma resposta para os crentes e os descrentes, para a fé e para a ciência, pois esses dois caminhos levam ao mistério de Deus, ao anúncio da verdade divina; por isso que é possível refletir sobre os dogmas marianos por meio da imagem da Virgem de Guadalupe, pois, em tudo o que Deus faz, ele imprime sua verdade e seus mistérios.

CONCLUSÃO

Este livro teve como pergunta fundamental: *é possível encontrar os dogmas marianos na imagem de Nossa Senhora de Guadalupe*? E foi essa questão que conduziu este livro do início ao fim.

A partir da reflexão feita em todos os capítulos, pode-se concluir que é possível, sim, afirmar que a imagem de Nossa Senhora de Guadalupe é um verdadeiro compêndio dogmático de Mariologia; e esta afirmação se baseia em três motivos essenciais.

O primeiro motivo é porque sendo uma imagem *acheiropoieta* (não feita por mãos humanas), ela foi feita e revelada pelo próprio Deus. Sendo revelada de forma divina, expressa a verdade, que o próprio autor e criador imprimiu e revelou por intermédio dela.

O segundo motivo é que sendo o dogma uma verdade de fé revelada, e a mariofania de Guadalupe sendo uma obra da revelação divina, que permitiu que a imagem fosse impressa naquele tecido frágil, e, se ela foi feita pelo próprio Deus, ela traz em si a verdade divina, e é por isso que ela é considerada um códex a ser decifrado.

O terceiro motivo é que a imagem da Virgem de Guadalupe é um código simbólico, que traz em seus elementos iconográficos uma consonância e harmonia com a Tradição e o Magistério da Igreja, fundamentados e embasados pela Sagrada Escritura.

Por isso, que a partir dos elementos simbólicos da imagem acheiropoieta de Guadalupe, pode-se refletir sobre as verdades de fé mariológicas, e como pôde-se fazer neste livro, refletir principalmente sobre as verdades dogmáticas.

Portanto, em sentido teológico, a imagem da Virgem de Guadalupe pode ser considerada um verdadeiro compêndio de mariologia, capaz de anunciar, por seus mesmos símbolos, a verdade de fé; e assim continua a se perpetuar em Maria sua missão de guia[39] no *Caminho*, anunciadora[40] da *Verdade* e auxiliadora[41] do fiéis para viver a *Vida*, que é Cristo Jesus, seu amado Filho. Assim, a imagem da Virgem de Guadalupe continuará sendo objeto de estudo teológico e científico e um patrimônio para a humanidade como um grande sinal do Céu.

NOTAS

[1] Jo 1,14; Lc 1-2; Mt 1,18-2-12.
[2] Jo 14,6.
[3] VALERIANO, Antonio. *Nican Mopohua*. México: Ed. Buena Prensa, 2023. p. 4.
[4] Ap 12,1-3.
[5] VALERIANO, Antonio. *Nican Mopohua.* México: Ed. Buena Prensa, 2023. p. 2.
[6] TESTONI, Manuela. *Guadalupe: Storia e significato delle apparizioni*. Torino: Ed. San Paolo, 2011. p. 30, §2.
[7] PASQUOTO, Augusto. *Os mistérios do manto sagrado: a Virgem Morena de Guadalupe.* Aparecida, SP: Ed. Santuário, 2013. p. 15. §2.
[8] BALAM, Benito. *Flor y Canto del Evangelio de Tonantzin Guadalupe*. México: Ed. Buena Prensa, 2020. p. 81.
[9] Jo 3,16-17.
[10] LOAIZA, Enrique M. *O milagre da Virgem de Guadalupe.* 2ª ed. São Paulo: Ed. Artpress, 2011. p. 54.
[11] BRUSTOLIN, Dom Leomar Antônio. *Sob o olhar de Guadalupe: sinais do céu sobre a terra.* São Paulo: Ed. Paulus, 2020. p. 78-85.
[12] SALINAS, Joel Romero. *A Virgem de Guadalupe.* 2ª ed. São Paulo: Ed. Ave-Maria, 2008. p. 46-48.
[13] Vênus de Willendorf, Tiamat, Gaia, Reia, Cibele etc.
[14] SALINAS, Joel Romero. *A Virgem de Guadalupe: legado divino ou pintura humana?* São Paulo: Ed. Ave-Maria, 2008. p. 41.
[15] SOUSTELLE, Jacques. *A civilização Asteca.* Rio de Janeiro: Ed. Zahar, 2012. p. 82-85.

[16] DIZIONARIO DEI SIMBOLI. ed. IV. Itália: Edizioni Piemme, 2004.
[17] Mt 28,19-20.
[18] DENZINGER, Heinrich; HÜNERMANN, Petrus. *Compêndio dos símbolos, definições e declarações de fé e moral.* São Paulo: Ed. Loyola, 2006. § 251.
[19] DENZINGER, Heinrich; HÜNERMANN, Petrus. *Compêndio dos símbolos, definições e declarações de fé e moral.* São Paulo: Ed. Loyola, 2006. § 503.
[20] Mt 1,20.
[21] VALERIANO, Antonio. *Nican Mopohua.* México: Ed. Buena Prensa, 2023. p. 6, §1.
[22] Idem. p. 15, §2.
[23] Lc 1,35.
[24] DENZINGER, Heinrich; HÜNERMANN, Petrus. *Compêndio dos símbolos, definições e declarações de fé e moral.* São Paulo: Ed. Loyola, 2006. § 2803.
[25] Lc 1,28.
[26] Jo 8,12.
[27] Ap 12,1.
[28] Lc 1,35.
[29] Ex 33,9.
[30] Jo 1,14.
[31] Lc 1,28.
[32] Lc 1,35.
[33] Ml 3,20; Lc 1,78.
[34] Jo 8,12.
[35] Gn 1,26.
[36] DENZINGER, Heinrich; HÜNERMANN, Petrus. *Compêndio dos símbolos, definições e declarações de fé e moral.* São Paulo: Ed. Loyola, 2006. § 3900-3902.
[37] Ap 12,1-2.
[38] Gn 1,14-19.
[39] Jo 2,1-12.
[40] Lc 1,39-45.
[41] Jo 19,26.

REFERÊNCIAS

BÍBLIA SAGRADA. 7. ed. Brasília: Edições CNBB, 2008.

ANSÓN, Francisco. *O mistério de Guadalupe*. 2ª ed. São Paulo: Ed. Quadrante, 2016.

BADDE, Paul. *A Face de Nossa Senhora no manto de Guadalupe*. Rio de Janeiro: Ed. Capax Dei, 2013.

BALAM, Benito. *Flor y Canto Del Evangelio de Tonantzin Guadalupe*. México: Editora Buena Prensa, 2020.

BRUSTOLIN, Dom Leomar Antônio. *Sob o Olhar de Guadalupe: sinais do céu sobre a terra*. São Paulo: Ed. Paulus, 2020.

DENZINGER, Henrici; HÜNERMANN, Petrus. *Compêndio dos símbolos, definições e declarações de fé e moral*. São Paulo: Ed. Loyola, 2006.

DIZIONARIO DEI SIMBOLI. Italia: Edizioni Piemme, Ed. IV, 2004.

D'ASSUMPÇÃO, Evaldo Alves. *O Mistério da Virgem de Guadalupe*. Belo Horizonte: Ed. O Lutador, 1987.

LOAIZA, Enrique M. *O Mílagre da Virgem de Guadalupe.* 2ª ed. São Paulo: Ed. Artpress, 2011.

PASQUOTO, Augusto. *Os Mistérios do Manto Sagrado.* Aparecida: Ed. Santuário, 2013.

QUEVEDO, *Oscar G. Nossa Senhora de Guadalupe.* 13ª ed. São Paulo: Ed. Loyola, 2015.

RAHM, Harold. *A Mãe das Américas.* 2ª ed. São Paulo: Ed. Loyola, 1985.

SALINAS, Joel Romero. *A Virgem de Guadalupe.* 2ª ed. São Paulo: Ed. Ave Maria, 2008.

SOUSTELLE, Jacques. *A civilização Asteca*. Rio de Janeiro: Ed. Zahar, 2012.

TESTONI, Manuela. Guadalupe: *Storia e significato delle apparizioni.* Torino: Ed. San Paolo, 2011.

VALERIANO, Antonio. Nican Mopohua. México: Ed. Buena Prensa, 2023.

ÍNDICE